कर्तव्य

" फिर नव कदम बढ़ाते है "

Amit Kumar Singh

BookLeaf Publishing
India | USA | UK

Made with ❤ on the BookLeaf Publishing Platform
www.bookleafpub.in
www.bookleafpub.com

Dedication

Dedicated to my Mother and Father, my Village in State of Bihar who taught me the lessons of Karma and not to be fragile enough to break down under associated surmounting loads of pieces of work. Also dedicated to my friends and society who taught me to work with zeal and to remain enthusiastic and hopeful towards good future.

"अब आयी बारी कर्म की ,
इसमे कभी न चूकना ,
ले अनुमान समय –समय पर सफर का,
उत्साह से करना काम । "

Preface

Who am I?

I am a King of India! Now let me share the story of my childhood when my father once told me that our Ancestor had kingdom in India and we had all royals. Then he told me that a king takes care of the Kingdom and Subjects. My father later sighed and told me that with course of time, the kingdom is lost, for reasons in History.

Later I as a child thought, time has changed and now the kingdom is as vast a country as India and as per contemporary India I should do the best for my Kingdom. With Better Resources to harness, and in a democratic set up, I am better positioned to do so. The resources like Better Access to Education, Better Machinery to harness natural resources, Company of fellow citizens who can shoulder scientific endeavour to commercial pursuit, multiple institutions of excellence that can always help me in my pursuit. Only eligibility to avail all this extended resources- I must be an able citizen of India. So I must be that! So that my Kingdom prospers.

In this pursuit, written a set of poems on Motivation, Vigor, Dedication towards the almighty, Humour, Fiction, Entertainment and Patriotism.

While "Antarman ka Mahabharat" is a Song of Motivation for the youth of India, "Sita Ho Tum" is a song for youth girl of india. The poem “Meel ke Anek Patthar” is dedicated towards Senior Citizen.

The prayer “Ram Asharfi” seeks blessings from God Rama and it shows how God paves our path since childhood. It also delineates the four Ashrams in our life Brahmcharya, Grihasth Ashram, Vanprasth and Sanyas Ashraman. The poem "Shubh Abhisth ka Sankalp lekar..." is an attempt to offer the prayings to Maa Durga in all the 9 Roop, "Shankar Jee ka Roop" is a prayer to the Mahadev Shiva.

“Ae Parampita, Pana hai Wo Duniya” is also a Spiritual Piece of Poem that have certain soothing effect on one’s soul. A person in his/her life seek the only three; Paisa (Money), Shohrat (Name, Fame and associated respect) and Bal (Swasthya Bal, Mansik Bal to enjoy happiness and feel the peace). Reader would appreciate that whatever else that a person seek falls among one of the three categories.

“Har Disha aaj Raushan hai Deepawali” is a poem to celebrate the festival of lights in India and abroad.

The poem "Kela Khao" is written keeping in mind the entertainment of children and a lot of GK about banana in the form of poetry is shared with children.

“Swar Tere rahenge Saath Hamare” is a tribute to the great singer of India Late Lata Mangeshkar. Since childhood the songs of Lata Didi always helped me in my tough times and also made my all happy moments and episodes of life richer with the songs that she voiced. It’s a homage to the great soul.

"Vigyan aur Praudigiki ke Badhate Kadam", "Tirange ke Teen Rang" and “Jahan har Balak Mohan, har Bala Radha hai” are all pieces of writing in the pursuit of Patriotism towards the Motherland, our beloved country India.

"Wafa-e-mohhabat weds Ishque-e-kambhakat" and “Tumhare Rang me hue Poore Sarabor” are fun & frolic oriented poems, in which the first one is from Husband and the second one is from Wife. There are happy moments between Husband and Wife that make the bond of nuptial ever stronger. These poem try to bind the moments in the form of its paragraphs.

“Vyastatam Jeevan me Vishram bhi Jaroori hai”, “Sabse agari mere Cycle ki sawari”, “Kya knock out hoga aaj”, “Anaj ke chand Dane”, “Samir aur Chandana”, and “Kunwar ki Pari” are all pieces of entertainment and celebration of life with all cheerfulness.

At last, I would say that the book celebrates living Life with one’s family members including companion of spouse, duty and responsibility towards always growing children and do remember that every child pay the parents back in the form of his/ her contagious smile and his/her childlike demands of the sundry that give the parents certain purposes in life, bonds with siblings and blessings of Parents and Grandparents. The book extracts the emotions, duty and enjoyments of life from all these relationships for all the members of a Nuclear Family and Extended Family. Sharing the book Kartavya with all the readers.

Acknowledgements

I am deeply indebted to my Extended Family including my Grandparents, Uncle(s) and Aunt(s), and my Younger Brother & Family who made me to infer that for leading a Life two skills are required (i) Livelihood Skill and (ii) Life Skill. While Livelihood Skills are taught in school, colleges and one may earn the skill in heritage also; it is Life Skill that are taught nowhere formally but one learn the lessons of this Life Skill through his/her observations and make draft Lessons for oneself. The domain of the Book of Life Skill is as vast as nature itself. We all are subjected to limited exposure of this Nature through the Family and associated Society, Flora & Fauna and Non-living Being including Television and others, the Books we go through and finally keep on making draft Lessons for oneself. As we progress in life we keep on converting the final-draft Lesson to Standard of My Life. And one day these Standards of Life along with the Profession that provide Livelihood, defines a Person (He/She). The God and the Goddess are always there in background/disguise subjecting us to an exposure of nature. And in Hinduism, the demon(s) never ever won!

1. राम अशर्फी

राम नाम की लूट है , लूट सके तो लूट,
किस व्यापार मे खोया है मानुष ,
भक्ति करेगा कब, कब करेगा पुजा-पाठ
लूट ले सब 'राम अशर्फी' , तू सब से धनवान
बजरंग बलि अब साथ है तेरे, तू सबसे बलवान ।

राम नाम की लूट है , लूट सके तो लूट
लूट ले सब 'राम अशर्फी' , तू सब से धनवान
बजरंग बलि अब साथ है तेरे, तू सबसे बलवान ।

'राम अशर्फी' की जमा पूंजी से , अब तू कर व्यापार
जो हो तू एक विद्यार्थी , ले सीख तू हर विद्या
सीख सारे स्वास्थ्य के गुण , तू है ' विजय डगर' पर
माँ सरस्वती का आशीष मिलेगा, तू है 'राम डगर' पर
कर उत्तीर्ण हर एक परीक्षा , बन जाएगा मानुष
पा जाएगा आजीविका , 'राम डगर' का ब्रह्मचर्य चरण समाप्त ।

गृहस्थ आश्रम कर शुरू , तू अब है पूर्ण वयस्क
ले-ले फेरे सात तू मंगल , होगा तेरा शुभ विवाह,
अब आएगा रावण दिल मे , ले कर वेश बदल
लूटने तेरी 'राम अशर्फी ', करने शांति भंग
रखना अनुशासन अपने मन पर, कर विद्या का उपयोग
कौन है हनुमन , कौन विभीषण , कौन है लक्ष्मण तेरा
'वसुधैव कुटुम्बकम ' वाले देश मे , क्या रह गया शेष

कर पूर्ण तू उस शेष को, कर राम-सेतु का निर्माण
थोड़ा खर्च कर अपनी ‘राम अशर्फी’, ले प्रत्यंचा को तान
कर नाश ‘मन के रावण’ का , बिठा राम को सिंहासन पर
आज दिवाली सारे जग मे , ले इसको पहचान
तेरे जीत मे शामिल है , तेरे सारे भगवान
होगी वर्षा पुष्प की नभ से , ‘राम डगर’ का गृहस्थ आश्रम समाप्त ।

चरण वानप्रस्थ का होता अब आरंभ
आरंभ है ये दूसरे जीवन का , ले तू सोच-विचार
पुनः खर्च कर थोड़ी ‘राम अशर्फी’
कर नए व्यापार का आरंभ
मुनाफा कर अपनों पर खर्च , कर खर्च इसे जीवन-संगिनी पर
कर खर्च इसे समाज पर मानुष
थोड़ा मुनाफा खर्च तू स्वयं पर
तू कर रहा है ‘राम अशर्फी’ का व्यापार ।

आज के ‘कलियुग’ मे फिर ‘रावण’ आता है वेश बदल
जब तू देख की तेरे राम का सिंहासन है डोल रहा
का इति श्री वानप्रस्थ का, जा शरण मे राम दरबार के
स्वयं से कर प्रारम्भ ‘सन्यास आश्रम ‘ का
अंतिम है यह चरण
कर दे खर्च अब जीवन भर की सारी ‘राम अशर्फी ‘
कौन है अपना, कौन पराया , ना कर इसका भेद
सारे तेरे, तू है सबका , यही शास्वत सत्य
बस एक अशर्फी ‘राम नाम ‘ की
रखना तू खुद के लिए ‘शेष’
बस इतना ही किराया लगता है

जाने को बैकुंठ धाम ।

बोलो 'सियावर राम चन्द्र की जय '।

राम अशर्फी ; बुध्हि , विवेक, भक्ति , ज्ञान , एक्यूमन
राम अशर्फी: कौमन सेंस , डिसीजन मेकिंग स्किल
राम अशर्फी: कौशल तेरा, राम अशर्फी उद्यम
राम अशर्फी ; उत्तम नीति , राम अशर्फी रिजनिंग ।
बोलो 'सियावर राम चन्द्र की जय '।

2. सीता हो तुम

श्रापित नहीं हो तुम ,
नहीं हो पाषाण,
कहा भला अब राम आएंगे ,
धनुष और बाण लेकर ,
करने जिंदा अहिल्या को,
होने को पाषाण से मुक्त ।

आज की युवती हो तुम,
पाषाण सी कठोर
कुरीतियों, अज्ञानता और अकर्मण्यता ,
से होना होगा स्वयं मुक्त,
कर अर्पण अपने कर्म का,
पाना होगा शिक्षा,
कर उपयोग कुशाग्र बुध्हि का,
समय का सदुपयोग,
हो जाओ पुनर्जीवित ,
पाषाण से तुम मुक्त ।

प्रतीक्षा की ऊष्मा होगी शीतल ,
उचित प्रयास , उचित दिशा मे
परिणाम दिखलाएगा ,
तुम्हें तुम्हारा हमसफर मिल जाएगा ।

राम और रावण तो

हर युवा मे बैठा है
देना निखार तुम अपने राम को,
अपने हमसफर मे ।
बन सीता अपने राम की ,
करना नए युग ,
नए जीवन की शुरुआत ।
गलतियो से लेना सीख
राम काल की
प्रतीक्षा काल की ऊष्मा महसूस करना ,
बन राम-सीता
अपनी अयोध्या तलाश करना ।
बन महारानी अपने घर-साम्राज्य की
पूज्यनिया कृत्य करती जाना।

हे राम-सीता,
आशीष अपनी हम पर
सदा बनाए रखना ।

3. जहाँ हर बालक मोहन , हर बाला राधा है

देवो की भूमि भारत , यह स्वर्ग से सुंदर है
जहाँ हर बालक मोहन , हर बाला राधा है ।
उत्तर मे हिमालय और दक्षिण मे सागर है
पश्चिम मे गुजरात, सितारों की धरती
अरुणाचल से अरुण , यहा लाता उजाला है ।

देवो की भूमि भारत , यह स्वर्ग से सुंदर है
जहाँ हर बालक मोहन , हर बाला राधा है ।

कंवल की पंखुड़ी, ओसों की बुँदे है
पंक्षी को आसमां , हर जीव की धरती है ।
यही पाते हम जीवन , इससे हर खुशियाँ है
यहीं सरगम का संगीत , यहीं सांझ हमारा है ।

देवो की भूमि भारत , यह स्वर्ग से सुंदर है
जहाँ हर बालक मोहन , हर बाला राधा है ।

दिल्ली दिलवालों की, मुंबई कर्मशाला है
केदारनाथ शिव की , गौतम की धरती है ।
कृष्ण की मथुरा और गुरूओ की वाणी है
प्रेयर्स चर्चों की , ब्लेस्सिंग को लाता है ।

जहाँ हर बालक मोहन , हर बाला राधा है ।

आई टी बेंगलुरु का, पटना वाली गंगा
टाटा की नगरी है, केरल की धरती है ।
हर शहर अनूठा है, अपने मे है कुछ खास
है पाया यही अमृत, भारतवर्ष हमारा है ।

जहाँ हर बालक मोहन , हर बाला राधा है ।

साँझ से रात हुई , टिम-टिम करता सितारा है
पंक्षी सब सो गए, चंदा का पहरा है ।
अब सो जा ललन मेरे, गाती नींदिया रानी है
सपनों की नगरी है , टिम-टिम करता सितारा है ।

देवो की भूमि भारत , यह स्वर्ग से सुंदर है
जहाँ हर बालक मोहन , हर बाला राधा है ।

4. अनाज के चंद दाने

तैयार फसलों मे कभी –कभी
आग पकड़ लेती है
कुछ नुकसान बड़े-बड़े खेत –खलिहान मे
हो ही जाया करती है ।

वो जो घोड़े रौंद के चले गए थे
फसलों को ,
वो खुद भूख लगने पर आयेंगे ,
इसी खेत मे ,
अनाज के चंद दाने ढूँढने ,
पता नहीं वो भी मुमकिन होगा या नहीं ।

उनको भूख से छटपटाते देख ,
और पशु भला कहा खूंखार हो पाएंगे
कोतवाली के दारोगा तो आखिर ,
सभी घोड़ को बाँध ले जाएँगे ।

आप कहते है तो
हम बारिश मे बाहर नहीं जाते
पर सब्र हमे भी कहा ज्यादा
जरा खुली खिड़की से,
उभरते इंद्रधनुष तो देख ले हम ...

जाते – जाते हमे तो बस इतना

ही कहना है
जंगल बदल गए है
अब तो लोग जंगल सफारी को जाते है
खेत –खलिहानों के मालिक और कोतवाली के दारोगा ,
हो गए है और मुस्तैद ,
अब कहा पुराने जमाने की बारिश
होने पाएगी ,
और बाढ़ से तबाही ।

अब तो लखनऊ के नवाब भी
शतरंज किस्तों मे ही खेला करते है
सबक लिया है सभी ने भूत से
नहीं तो भूत भी बदला लिया करते है ।

सारे गणों के देवता गणपती की जय बोलिए ,
और आइये मेरे साथ ,
चलिये नूतन काल की श्री गणेश करते है ।
ो

5. केला खाओ

केला खाओ , केला खाओ
आओ बच्चा , आओ बच्ची
छोटे मुन्नू , मुन्नी आओ
सब मिलकर या अकेले खाओ
केला खाओ , केला खाओ।

कच्चा हो तो चिप्स बनाकर
पका जो हो , कस्टर्ड मे ले कर
पूरा जो ना, तो आधा खाओ
केला खाओ , केला खाओ।

केला रखता चुस्त दुरुस्त
ब्रेकफ़ास्ट मे लो इसको लूट
सुबह सुबह जो इसको खाते
सारा दिन मस्ती मे चूर
केला खाओ , केला खाओ।

पुजा पाठ मे जो उपवास
केला रखना अपने साथ
मम्मी खाती , दीदी खाती
खाती दादी इसको दिन रात
केला खाओ , केला खाओ।

दीदी के बुक मे पढ़ रखा

केले मे एनर्जी होता
रखता बॉडी को चुस्त दुरुस्त
लो इसका एनर्जी लूट
केला खाओ , केला खाओ।

जो कभी हो पेट खराब
उल्टी–दस्त , हैजे थोड़ा मैस
नन्हें बच्चे भी खा सकते
केला खाओ , केला खाओ।

जो बैचलर हो रहते आप
सेल्फ –कूकिंग का अत्याचार
ऑफिस मे जाने के पहले
फल वाले के जाओ पास
लो एक केला, या दो-सात
केला खाओ , केला खाओ।

सावन मास की पुर्णिमा हो
या हो कोई व्रत त्योहार
भगवन को तुम भोग लगाओ
केला रखना अपने साथ
केला खाओ , केला खाओ।

केला कहाँ –कहाँ न होता
या हो अपना बागीचा
या हो पूरा खेत –खलिहान
रखता ये सेहत का ध्यान

केला खाओ , केला खाओ।

कच्चा तोरो , पक्का तोरो
या तोरो इसका ही फूल
कच्चे फूल का सब्जी बनता
केला पका सबको कुबूल
केला खाओ , केला खाओ।

विटामिन बी -6 है इसमे होता
होता विटामिन –सी भी है
रोगो को है दूर भगाता
कॉपर और फाइबर भी लाता
केला खाओ , केला खाओ।

खाने मे पूरा स्वादिस्ट
हर्ट हैल्थ का रखता ध्यान
डाइजेसन मे पूरा ईज़ी
कच्चा हो तो हरा है दिखता
पका जो हो तो पीला दिखता
केला खाओ , केला खाओ।

बंदर मामा इसको खाते
खाकर पूरा शोर मचाते
हँसते गाते खाते खूब
लो पूरा बगीचा लूट
केला खाओ , केला खाओ।

100 से भी ज्यादा प्रकार
होते है केले के यार
साइंटिफिकली ये फ्रूट नहीं है
है ये बेरी का प्रकार
केला खाओ , केला खाओ।

बच्चो इक लर्निंग लो आज
बनाना का है ट्री न होता
होता ये हर्ब का प्रकार
अंडरग्राउंड स्टेम से होता
इसका प्लांट बार-बार
केला खाओ , केला खाओ।

50 टू 150 बनाना
होते इक बंच मे है यार
एक तने मे एक ही होता
बंच साल मे एक बार
केला खाओ , केला खाओ।

जंगल मे भी ये है मिलता
मिलता शहरो मे भी है
फ़ॉरेन ट्रेड भी इसका होता
हो डॉलर , लीरा या पॉण्ड
तुम बना लो इससे बॉन्ड
केला खाओ , केला खाओ।

दूध के साथ भी केला खाओ
लो इसमे एक रोटी गूथ
मुझसे तुम एक बेट लगा लो
कर लोगे फिर लूट-खसूट
केला खाओ , केला खाओ।

इसका तना फेस्टिवल मे सजता
होता शादी मंडप मे यूज
पत्ता भी है सेक्रेड होता
यूज ईट फॉर सरविंग फूड
केला खाओ , केला खाओ।

भगवन विष्णु को ये प्यारा
प्यारा बच्चो को भी है
कदली फलम संस्कृत मे कहते
आओ खाते हम तुम है
केला खाओ , केला खाओ।
...

6. अन्तर्मन का महाभारत

नर और नारायण की यह धरा
सदा अमर रहे ,
अगर इंकलाब और हैं शेष ,
हर अर्जुन
महाभारत विजयी हो।

एक समय आया था पुराना
जब था पाप- दोष चरम पर ,
भारत जब था राजाओं में विखंडित,
विज्ञान था अपने शैशव में,
तब हुआ था युद्ध विषम,
महाभारत का रण जिसे कहते।
रण था यह स्वयं का स्वयं से,
मानो अन्तर्मन का युद्ध,
यह युद्ध सही-गलत का,
स्वयं को देना एक निर्णय,
एक महाभारत ही हैं,
आज का अपना मन।

आज कृष्ण ने
सिमटा कर महाभारत का भीषण रण,
प्रस्तुत किया हैं,
अन्तर्मन में, मस्तिष्क में होता रण,
जब हो रहे विचार उथल-पुथल,

तब होते है हम कुरुक्षेत्र में,
भारतवंशी लो इसका ज्ञान

आज की शिक्षा भारत की,
न सिमटी हैं द्रोण के गुरुकुल तक,
आज भी न होता ज्ञान सर्वदा
कौन कृष्ण, कौन हैं कौरव
अन्तर्मन के युद्ध में हम,
क्या दे रहे साथ पांडव का,
या तुम स्वयं हो एक भीष्म
भला किसे इसका संज्ञान।

द्योतक सब हैं विचारों के ,
आज के भारतवर्ष मे ।
अन्तर्मन के महाभारत मे ,
होगा आज फिर क्या निर्णय ,
यहाँ नहीं किसी को ज्ञात ।
सुदुर काल-खण्ड मे ,
भविष्य की ,
फिर लिख एक नयी पुस्तक ,
प्रस्तुत होगी तेरी कहानी,
तेरी 'महाभारत' का।

आज न होती रक्तपात ,
होता अन्तर्मन का महाभारत ,
यह युद्ध ना सत्ता का है ,
ना हस्तिनापुर के सिंहासन का ,

यह युद्ध है निर्णय क्षमता का ,
स्वंय को प्रस्तुत 'सारांश '।

तेरी विजय गाथा मे ही है
भारतवर्ष का कल्याण ,
तेरी जीत मे शामिल होंगे,
तेरे सारे भगवान।

आज भी भारत को जरूरी ,
हर एक युवक और युवती ,
अन्तर्मन के महाभारत मे ,
हो विजयी,
ले निर्णय समय-समय पर ,
निकल परो 'कर्म' को मानुष ।
आज धरातल विश्व की
रहा पुकार सम्पूर्ण ब्रह्मांड,
भारत की कहानी ,
लिखने निकल परो ,
तुम सबके हो ' अभिमान '।

7. ऐ परमपिता, पाना है वह दुनिया

क्या नहीं पाया ऐ परमपिता तेरी दुनिया मे आ के
यह जीवन और मेरी जीवनसंगीनी ।

तुझको देखा तेरी ही आंखो से
तुझको महसुस किया प्रातः बेला मे
कितने वैरागी, सन्यासी, तड़पते है पाने को
वह पाया और अनुभवों का क्रमबद्ध संसार ।

क्या नहीं पाया ऐ परमपिता तेरी दुनिया मे आ के
यह जीवन और मेरी जीवनसंगीनी ।

वह क्या है जो पाना है तलाश करता हूँ,
क्या वो शोहरत है, पैसा है या फिर बल है
मुझको पाना है यही तीनों,
अपने –अपने अनुपात में,
यह सपने और मेरा पुरुषार्थ ।

तूने बतलाया है, है भ्राता, इस संसार के राही
पर मेरा कुनबा मेरे साथी तो है भारत के वासी
संसार की सोचू या भारत की सोचू
यही सोचता हू, फिर ये पाया
प्रथम भारत, ये है प्रथम साथी,
मेरा भारत और मैं एक भारतीय ।

क्या नहीं पाया ऐ परमपिता तेरी दुनिया मे आके,
यह जीवन और मेरी जीवनसंगीनी ।
आता हू तेरी ओर, उस ओर, जहां मुझे जाना है,
ए रास्ते और परमपिता का सान्निध्य ।

क्या नहीं पाया ऐ परमपिता तेरी दुनिया मे आ के,
यह जीवन और आगे बढ़ता मैं ।

8. तिरंगे का तीन रंग

भारत के तिरंगा तुम सदा रहो ऊँचा
लक्ष्य है हमारा तुम्हें सदा ऊँचा रखना
प्यार और ईमानदारी जिसमे छिपी
तिरंगे के तीन रंग , रहा ये बता।

चलो तुम्हें वो भी बताए।
तिरंगे का पहला रंग है
बलिदान , जो है वीरों ने दिया

तिरंगे का दूसरा रंग तुम्हें बताए
जो पवित्रता का ज्ञान दिलाए
जो शांति का संदेश पहुंचाए।

तिरंगे का तीसरा रंग वो भी तुम्हें बताए
जो खुशी और हरियाली को लाये।

स्वतंत्रता कि 75 वीं दिवस कि हार्दिक शुभकामनायें
चलो तुम भी मनाओ , चलो हम भी मनाए।

(मेरी नौ साल के नन्ही पुत्री के द्वारा)

9. शुभ-अभीष्ठ का संकल्प लेकर, करे नव-दुर्गा का अनुष्ठान

दुर्गा पुजा का त्योहार है आया, करें माता का ध्यान
सृष्ठी के शून्य से लेकर, कालचक्र की सभी सदी से
आज-अभी के समय से होकर, माता करती शुभ-भविष्य का निर्माण
।

शुभ-अभीष्ठ का संकल्प लेकर, करे नव-दुर्गा का अनुष्ठान।

नौवों रूप और नौ नए नाम, माता दुर्गा का
कराती नौ बोधों का ज्ञान,
कर्म, श्रृंगार, पुत्र-पुत्री के गुणो का रखे हर कोई ध्यान ,
तप और ध्यान, ममत्व, सीमित उपवास,
अपने भीतर की अनंत क्षमता का करे विशेष निर्माण ,
रौद्र रूप भी ले सकती नारी , हर कोई रखे इसका ध्यान ,
और इक नारी हीं कराती , पूर्ण क्षमता का निर्माण
हर उपासक को हो विशेष , इन नौ बोधों का ज्ञान ।
इसी मंगल कामना के साथ , करे दुर्गा माता का ध्यान ।

दुर्गा पुजा का त्योहार है आया, करें माता का ध्यान
शुभ-अभीष्ठ का संकल्प लेकर, करे नव-दुर्गा का अनुष्ठान।

प्रथम रूप नव-दुर्गा का , शैलपुत्री कहलाए
'मूलाधार' चक्र मे स्थित होता, आज हर उपासक का ध्यान
साधना का आरंभ यहीं से, करे हम सब शैलपुत्री का ध्यान

शुभ-अभीष्ठ का संकल्प लेकर, करे नव-दुर्गा का अनुष्ठान।

ब्रह्मचारिणी दूजा रूप , तप का आचरण सीखाए ,
‘स्वधिस्थान’ चक्र मे अवस्थित होता,
आज हर उपासक का ध्यान ।
कर्तव्य पथ से विचलित न हों , चाहे कितने संघर्ष
सर्वत्र सिध्हि और विजय ,
माँ ब्रह्मचारिणी हमे दिलाती ,
शुभ-अभीष्ठ का संकल्प लेकर, करे नव-दुर्गा का अनुष्ठान।

तीजा रूप माँ दुर्गा का , चन्द्र-घंटा कहलाए
अर्धचंद्र मस्तक पे शोभे , स्वर्ण समान है वर्ण
खड़ग –बाण और अस्त्र विभूषित , माँ दुर्गा का यह रूप
‘मणिपुर’ चक्र मे स्थित होता आज हर उपासक का ध्यान ।
दिव्य का है अनुभव होता , वीरता –निर्भयता का होता निर्माण
शुअभीष्ठ का संकल्प लेकर, करे नव-दुर्गा का अनुष्ठान।

दुर्गा पुजा का त्योहार है आया, करें माता का ध्यान
शुभ-अभीष्ठ का संकल्प लेकर, करे नव-दुर्गा का अनुष्ठान।

जब ना था , सृष्ठी का अस्तित्व
था चहु ओर अंधकार
तब माता कुष्मांडा ने किया
ब्रह्मांड का निर्माण ।
आदि-स्वरूपा , आदि-शक्ति कुष्मांडा माता कि
करे हम सब उपासना ,
‘अनाहत’ चक्र मे अवस्थित होता

आज हर एक उपासक
आयु, यश , बल और आरोग्य दिलाता ,
माँ कुष्मांडा का ध्यान ।

दुर्गा पुजा का त्योहार है आया, करें माता का ध्यान
शुभ-अभीष्ठ का संकल्प लेकर, करे नव-दुर्गा का अनुष्ठान।

देवों के सेनापति कार्तिकेय , स्कन्द भी कहलाए ,
पांचवा रूप माता दुर्गा का, स्कंदमाता का करे हम सब ध्यान ,
'विशुद्ध' चक्र मे अवस्थित होता, आज हर एक उपासक
ध्यान-वृतियों को एकाग्र कर के , माँ के चरण करें हम स्पर्श।
परम शांति और सुख का अनुभव दिलाता माता का ध्यान
शुभ-अभीष्ठ का संकल्प लेकर, करे नव-दुर्गा का अनुष्ठान।

कात्य ऋषि गोत्र मे जब जन्मी माता , कात्यायनी कहलाए
महिषासुर का वध किया माता ने किया जगत कल्याण
छठे दिवस को करते हम सब , माँ कात्यायनी का ध्यान ।
'आज्ञा' चक्र मे अवस्थित होता, आज हर एक साधक
सर्वस्व निवेदित करतें जब माँ के चरणों में
होता माँ स्वरूप के दर्शन ।
शुभ-अभीष्ठ का संकल्प लेकर, करे नव-दुर्गा का अनुष्ठान।

सातवीं शक्ति कालरात्रि , वर्ण काल-अंधकार
गले मे शोभती विद्युत माला , वाहन माता का का गर्दभ
एक हस्त मे लौह-काँटा, एक हस्त मे खड़ग कटार
'सहस्त्रार' मे अवस्थित होता, आज हर उपासक का ध्यान ।
भय मुक्त हो जाता मन , माँ करती व्याधा मुक्त

सातवें दिन करते हम सब, माँ कालरात्रि का ध्यान ।

दुर्गा पुजा का त्योहार है आया, करें माता का ध्यान
शुभअभीष्ठ का संकल्प लेकर, करे नव-दुर्गा का अनुष्ठान।

आठवीं शक्ति महागौरी वर्ण पूर्णतः गौर
कठोर तप किया था शक्ति ने, पाने को अपना शिव
इन्ही माता का ध्यान है करते, करते माँ की पुजा-अर्चना
असंभव भी संभव कर देती , माँ शक्ति की उपासना ।

दुर्गा पुजा का त्योहार है आया, करें माता का ध्यान
शुभ-अभीष्ठ का संकल्प लेकर, करे नव-दुर्गा का अनुष्ठान।

सिध्दिदात्री नवे रूप का , आओ करे हम सब ध्यान
माता की कृपा से होता , मनुष्य मे हर क्षमता का निर्माण
शिव को भी पूर्ण किया शक्ति ने , किया पूर्ण समर्थ
शिव की शक्ति, शक्ति के शिव , यही शाश्वत सत्य
नौवा दिवस माँ सिध्दिदात्री का , करे उपासकों को परिपूर्ण
अणिमा, महिमा , गरिमा, लघिमा, प्राप्ति और प्राकाम्य
ईशित्व और वाशित्व –सब क्षमता देती माता ,
हम सब करे नव दुर्गा का अनुष्ठान ।

दुर्गा पुजा का त्योहार है आया, करें माता का ध्यान
शुभ-अभीष्ठ का संकल्प लेकर, करे नव-दुर्गा का अनुष्ठान।
ु-
शभ

-

-भ

10. शंकर जी का रूप

कंठ है नीला रूप सजीला
एक हाथ मे डम-डम डमरू
दूजे मे त्रिशूल
ये है शंकर जी का रूप ।

धारण किया भुजंग जिन्होने
और पहना रुद्राक्ष
हिमालय पर है वास वो करते
यही आदिस्वरूप
ये है शंकर जी का रूप ।

त्रिनेत्र सजती है जिनपर
लंबी जटा शोभती है उनपर
गंगा का उदगम है वही से
यही वो स्वरूप
ये है शंकर जी का रूप ।

गौरापति कहलाते है जो
एक पुत्र शुभ-मंगल गणेश
दुजी पुत्री करे नाश शोकों का
सेनापति देवों के कार्तिकेय
ये है शंकर जी का रूप ।

जप तप जिनको है बड़ा प्यारा,
महामृतुंजय का रूप,
मन से जब वरदान है देते,
कल्याण का स्वरूप,
ये है शंकर जी का रूप।

11. हर दिशा आज रौशन, है दीपावली

पटाखों की लड़ी , जलती कई फूलझड़ी
है अमावस की रात , आई दीपावली
दीप जगमग करे, रंगोली सजी
हर दिशा आज रौशन , है दीपावली ।

दिन है शुभ आज , मंगल घड़ी है यही
लक्ष्मी पुजा यही , लाभ लाती हुई
वृद्धि धन की है खुशिया मनाती हुई
हर दिशा आज रौशन , है दीपावली ।

स्वास्थ्य ही धन है ये भी सिखाती हुई
है ये त्योहार स्वच्छता से भरी
धनतेरस स्तुति देव धन्वन्तरी की
हर दिशा आज रौशन , है दीपावली ।

लड्डू खाते सभी , गेस्ट आते कई
गिफ़्टों से भरी होती दीपावली
व्यंजनो से सजी, शोभा बढ़ती हुई
हर दिशा आज रौशन , है दीपावली ।

पूरा परिवार मनाता है दीपावली
लाइट ट्विंकिल करे , सितारो सी ही
मेरे घर की भी, तेरे घर की भी

देर तक रात गूँजे पटाखों से ही
हर दिशा आज रौशन , है दीपावली ।
आज दीपावली , शुभ दीपावली ।

12. कुँवर की परी

ए परी,
छोड़ स्वप्नलोक कि दुनिया,
धरती के धरातल पर,
आ जाओ तुम
यहाँ तो कंकरीले है रास्ते,
गुलाबों ने भी काँटा,
सजा रखा है
स्वप्नलोक के शहजादे कहा मिलते सबको,
पर माँ मेरी मुझे भी कुँवर पुकारती है,
तुम्हारे लिए हमने,
सुन्दर सा घर सजा रखा है ,
जो तुम होगी हमारी ,
यह घर राजमहल से कम नहीं होगा ,
ए परियो कि शहजादी
तुम्हारे लिए हमने
पूरा गुलिस्तान बना रखा है ।

ख्वाबो का क्या है ,
अक्सर टूट ही जाते है कई
चट्टानों से टकरा कर ,
आ जाओ धरती के धरातल पर
हो जाओ मेरी ,
माँ ने मेरी कब से ,
मेरे लिए सेहरा ,

और तुम्हारे लिए चूनर ला रखा हे ।

शहजादे तो बस खवाबों
मे होते है
माँ मुझे भी कुँवर पुकारा करती है
आ जाओ धरती पर ,
हो जाओ मेरी ,
कि हमने तुम्हारे लिए
पूरा गुलिस्तान बना रखा है ।

13. वफ़ा-ए-मोहब्बत वेड्स इश्क-ए-कमबख़्त

दूर बैठे है
की घर के लिए कुछ
साजो-सामान लाना है ।

कल ही तो हमारे छोटे सुपुत्र का बर्थ-डे पार्टी है
की पूरा दुकान लाना है
तुम्हारे मेक-अप का लिस्ट,
देख रखा है मैंने
तुम्हारी पिंक लिपस्टिक फेड हो गयी है
चलो ठीक है ;
तुम्हें सजा –संवरा देखने
की लत है हमको
इसका भी पूरा प्लान
करते है ।

वफ़ा-ए-मोहब्बत निभाती
हो तुम
हम कहा शक करते है ।

पर कंजूस तो ना
पुकारा करो हमको ,
तुम्हारे क्रेडिट कार्ड को
हम ही तो हर महीने

रिचार्ज करते है ।

थक जाता होगा शरीर कभी-कभी,
घर के छोटे –बड़े काम करके,
हम समझते तो है इसे खूब ,
कहा सदियों पुरानी सामाजिक ,
रूढ़िवादी प्रीचिंग की परवाह करते है
सर को दबा पैरों को दबा तो देते है
बदन दर्द जरूर जाता होगा भाग,
कोसों दूर तुमसे ,
हम इसका पूरा इंतजाम करते है ।

पर बेपरवाह तो न पुकारो हमको,
बच्चों और तुम्हें अपडेटेड रखने को,
मोबाइल फोन और ब्रॉडबैंड,
टाईमली रीचार्ज करते है
तभी तो तुम देश-दुनिया की बाते,
अपने सहेलियों से दो-चार करती हो।

आखों मे जब काजल लगाती हो तुम ,
अंधेरा मेरे मस्तिस्क पर छाता है
बस मूर्छा खा गिरते नहीं हम,
काले अंधकार मे रूप की बिजली ,
कुछ यूं चमकती है

वफ़ा-ए –मोहब्बत तुम करती हो
तो इश्क –ए-कमबख़्त हम भी करते है।

14. तुम्हारे रंग में हुए पूरे सराबोर

समझते तो हैं तुम्हें
तुमसे कहीं ज्यादा
लजीज खाने कि लत हैं तुमको
सुबह जल्दी उठने कि आदत,
तुम्हारे रंग में तो हम सराबोर हैं,
छोड दी बरसो पुरानी
मायके वाली खामोश रहने कि आदत,
गुफ्तगू अब हम भी खूब दिन-रात करते हैं।

स्पोर्ट्स के शौकीन हो
अपने बच्चो के संग लगे रहते हो ,
अब हम भी इसकी परवाह करते हैं
जाना गूगली को ,
गूगल से सीख लिया,
फ़िटनेस और इंटरटेनिंग स्पोर्ट्स को
अब तो ,
बैडमिंटन,कैरम और चेस
कि प्रैक्टिस भी कर लेते हैं

देश-दुनिया कि खबर रखते हो,
वर्ल्ड और इंडियन पौलिटी
से रहते हो वाकिफ
अब मैं भी इस चर्चा में शामिल हो जाती हूँ
समसामीयिकी कि खबर रखती हूँ

वर्चुअल टूर इस जगत का
अब मैं भी दिन-रात करती हूँ।

खास कर के तुम
मौसम समाचार भी सुन लेते हो।
मैं तो बस खिड़की के बाहर देख
अपने शहर का मौसम समझ लेती हूँ
बारिश कि रिम – झिम आज भी देखती हूँ
और बच्चो कि नौका तैरती पानी में
मुसकुराती रहती हूँ कुदरत को देख कर,
की अब जाके तुम्हारे नेचर और आंखो से,
अपनी आंखे चार करती हु ।

15. मील के अनेक पत्थर

जिंदगी एक सफर है
जिसमे मौत एक दिन आनी है ,
इस सफर मे न जाने कितने ही संघर्ष ,
और जंग हमने जीते है
और उस खुशी को
अपने परिवार, दोस्तों और समाज मे
सेलेब्रेट किया है ।

जीवन के हर मील के पत्थर पर
हम झंडा गाड़ के आए है
क्या हुआ जो कुछ मील के पत्थरों पर ,
ठोकर लग गई ,
कभी लड़खराए , संभले ,
और कभी –कभी गिर भी गए है ,
पर जीवन मे अब तक
आप और हम
इस जीवन के सफर मे बढ़ते ही गए है ।

अभी कई मील के पत्थरों को,
पार करना बाकी है
कुछ चुनौतिया बोल के नहीं आती ,
अभी बुजुर्गो के अनुभव की ,
हर युवा को जरूरत है ।

संतोष तो सुख है
जो हर जीत और जश्न
के बाद पूर्ण होती है ।

पर असंतोष तो ही है जननी ,
क्या असंतोष बालक मे नहीं होता ,
तभी तो माँ कभी नयी सब्जी
और कभी खीर बनाती है
क्या असंतोष नवीं पास कर नहीं हुआ था
तभी तो हम सब कभी दसवीं , कभी बारहवीं
और ग्रेजुएट से मास्टर डिग्री पाते है
क्या शादी के बाद प्रथम पुत्र या पुत्री से पहले
असंतोष नहीं हुआ था ,
इसीलिए ,
संतोष तो सुख है पर ,
असंतोष ही है जननी ,
हर पड़ाव पर हो विश्राम
फिर नव कदम बढ़ाते है
अपने कौशल और अपने बल से,
जीवन को और निखारते है.

मौत तो अंतिम मील का पत्थर है
इस जीवन के सफर का ,
जहाँ हम संतोष से बैकुंठ धाम को जाते है ।

16. स्वर तेरे रहेंगे साथ हमारे

स्वर तेरे रहेंगे साथ हमारे ,
खुशियों मे और हर सफर मे ,
चाहे हो बचपन का पहला तराना ,
यारों के संग हँसना-मुसकुराना ,
या संघर्ष जीवन सफर का ।

जीवन मे आते है कई वक़्त ऐसे ,
जब हमको लड़ना अकेला ,
गीतो से मिलता है संबल हमको ,
स्वर तेरा साथ हमेशा ।

खुशियों की महफिल जब भी है सजती ,
है गीत गाते सभी हम ,
महफिल की खुशियाँ तभी पूर्ण होती,
उत्सव और उमंग , है साथ देते ,
जब सरगम और स्वर तुम्हारा ।

है करते नमन आज “स्वर कोकिला “ को ,
जीवन का गीत जो है
संगीत मे जो सदा ही अमर है ,
गीतों की “लता” सुशोभित हमेशा ,
खुशियों मे और हर सफर मे ।

17. समीर और चंदना

समीर से ये उम्मीद न थी ,
की हर सांस कर्ज बना देगा ,
की करे हम हमेशा याद तुम्हें ,
ये बददुआ देगा ,
समीर- पवन –वायु
तो हर किसी के
साँसो मे घुली है
कहाँ हर सांस गिन पाएंगे ।

कर रहे हो जो रुखसत हमे
तो बस इतना असर छोडो अपनी
इत्र की खुसबु और गुलाब की सुगंध
मे हम तुम्हें याद कर लेंगे
सुर्ख गुलाब भी सजा रखेंगे
किताबों मे पुरानी
पर कहाँ तुम्हें हर वक्त याद रखेंगे ।

तुम भी जब चन्दन के जंगलो
से गुजरो ,
पा कर मुझ चन्दना की शोहबत ,
बास –सुभाषित हो जाना ,
सुगंध फैलाना बस जहा जाओ तुम ,
बस इतना ही याद हमे अब आओ तुम ।

18. व्यस्ततम जीवन मे विश्राम भी जरूरी है

वृक्ष की छांव हमेशा कहा मिलती
कहा मिलते हमेशा हवा के झरोखे
पर थके कदमो को रोक कर , व्यस्त मस्तिष्क
को तनिक शांत करना जरूरी है
व्यस्ततम जीवन मे विश्राम भी जरूरी है ।

हमेशा घंटो का अवकाश कहाँ मिलता
“आज मुझे कोई काम नहीं “
कहने को वर्षो लग जाते है
कभी खुद को संभालते हुए आगे बढ़ना
माता-पिता की चिंता ,
कभी बच्चो कभविष्य
पर यहाँ गावों मे और वहाँ शहरो मे
तनिक एकल जीवन मे बदलाव जरूरी है
व्यस्ततम जीवन मे विश्राम भी जरूरी है ।

मुस्कुराहट के लिए हमेशा मतलब तो जरूरी नहीं
भरी भीड़ मे छोटे बच्चे की नादानी भी
मुस्कुराहट दिला सकती है ।
स्पोर्ट्स शू, महंगे घड़ियों और ज्वेलरी से
जब फूरसत मिले, तब ही सही
किसी पुष्प को देखकर “ वाह” कह परना
किसी की शालीनता से “ हतप्रभ “ हो जाना

रंग और रोशनी भी " तारीफ " की हकदार है
जो न मिले छांव तो धूप मे ही बैठो जरा
मौसम की ठंड भी जरूरी है
व्यस्ततम जीवन मे विश्राम भी जरूरी है ।

॥

ा

19. क्या नॉक आउट होगा आज

ग्रैंड पा सिंह और ग्रैंड सन सिंह
के बीच था बॉक्सिंग मैच
ग्लवस पहन रखे दोनों योद्धा
क्या नॉक आउट होगा आज ।
लाईव कमेंट्री सुना रहा द्वंद की
आज आपके सामने
मैच था भीषण , द्वंद चरम पर
बॉक्सिंग रिंग मे आज ।

ग्रैंड पा सिंह दहाड़े ऐसे , मानो दारा सिंह
ग्रैंड सन सिंह भी था बाहुबली
चुनौती देता आज
राउंड चला गया था छठा
पारा सातवे आसमान पर
ग्रैंड पा ललकार रहे पोते को
“तू मुझे नहीं है जानता “
बॉक्सिंग बूट पहन रखा ग्रैंड सन
बढ़ता मानो तूफान
पंच लगा एक जबर्दस्त
“संभले छोटे शैतान”।

मैच था भीषण
द्वंद चरम पर...

दे दना दन पंच चल रहा
रेफरी पूरा परेशान
दर्शक भी साँसे थामे
देख रहे मैच को आज ।
ग्रैंडपाथोड़े हाँफ ही उठे
ग्रांडसन था चुस्त दुरुस्त
जाईब्स , क्रोसेज ऐंड हूक्स लगा रहे
दोनों खिलाड़ी आज ।

तभी बेल बज उठा ग्यारहवे राउंड का
हुआ एक मिनट का ब्रेक
दर्शक भी साँसे थामे
देख रहे मैच को आज,

आग-बबूला ग्रांडसन ने मारा कस कर पंच
इलीगल पंच वो डिकलीयर हो गया
खेल की गरिमा हो गयी भंग ।
चपत लग गया एक पोते को
डांट भी पड़ गयी पूरी ।
3 मिनट्स वाला यह 12 वॉ राउंड
वाज ए गेम ऑफ लव स्टोरी ,
बाऊट खत्म हुआ , बॉक्सिंग मैच का
दादा पोते के बीच
दोनों शेक हैंडस कर रहे
एक दूजे को देते बधाइयाँ
लाईव कमेंट्री खत्म हुई मैच की

आप सब बजाओ तालियाँ ।

20. सबसे अगारी, मेरे साईकल की सवारी

गाँव की कच्ची रोड , पर जाते हम रोज ,
कभी पैदल, कभी टम-टम की सवारी,
आज दादाजी है चलाते,
हम सब की गारी,
सबसे अगारी, मेरे साईकल की सवारी ।

आज सुबह जब सूरज आया ,
माँ ने पहले मुझे जगाया ,
हरी शर्ट मे भैया भी तैयार ,
गाँव मे आज लगा है मेला ,
खरीदेंगे हम गुब्बारे दो-चार ,
मैं , भैया और दादाजी संग,
सबसे अगारी, मेरे साईकल की सवारी ।

आगे बैठा मैं हैंडल थाम,
मानो मेरे हाथ मे साईकल की कमांड ,
दादाजी कुछ गीत है गाते,
सरपट चलती हम सब की गाड़ी,
करती हवा से बात ,
सबसे अगारी, मेरे साईकल की सवारी ।

आज की धूप चमकीली खूब ,
हवा भी करती कुछ गुद-गुदी,

दूर से दिखा हमे गाँव का मेला,
गोल झूला, चाट-पकौड़ा
हाथी-ऊँट, खिलौने खूब
अपने गंतव्य पर पहुँचती ,
सबसे अगारी, मेरे साईकल की सवारी ।

पहुंचे जब मेले मे हम तीन,
पकड़ा पहले निशाने वाली गन संगीन,
भेद दिये सब टारगेट्स गिन-गिन ,
फिर की सवारी हमने ऊँट की,
बेल की शर्बत तब पी ली,
घूमा –देखा सारा मेला,
खरीदे खिलौने दो-चार,
लगे मेले से जब हम लौटने ,
खरीदी किताबें दो-तीन
अपने घर को लौटती,
सबसे अगारी मेरे साइकल की सवारी।

21. विज्ञान और प्रौद्योगिकी के बढ़ते कदम

अनंत अन्तरिक्ष मे रहते ग्रह और सितारे
एक ग्रह पृथ्वी हमारी , एक सितारा सूरज हमारा
सबको बांधे रखा है बल
सबको ऊर्जा देता है प्रकाश
करते नियमबद्ध इन्हे विज्ञान मे
करते प्रौद्योगिकी का उपयोग,
मानव जीवन को सुगम-सुचारू बनाने हेतु
चले भारतवंशी मिला कदम ताल
संग विज्ञान और प्रौद्योगिकी के बढ़ते कदम।

चाहे शून्य का आविष्कार
या अंको को क्रमबद्ध करने का ज्ञान
चाहे आयुर्वेद का आविष्कार
या प्रथम शल्य चिकित्षा का विज्ञान
आर्यभट्ट, भास्कराचार्य या महान सुश्रुत
चले भारतवंशी मिला कदम ताल
संग विज्ञान और प्रौद्योगिकी के बढ़ते कदम।

मेटलर्जी का विज्ञान
लौह-स्तंभो और सिक्को का निर्माण
चाहे रेडियो का आविष्कार
चाहे योग का आविष्कार
विज्ञान और प्रौद्योगिकी से होता

मानव जीवन सुगम
मानव जीवन होता सक्षम
चले भारतवंशी मिला कदम ताल
संग विज्ञान और प्रौद्योगिकी के बढ़ते कदम।

इक समय आया था पुराना
जब थे राजसत्ता कमजोर-विखंडित
हुए धोखे का शिकार
और रहे सदियो गुलाम ।
पर जब पुनः संकट आया कोविद-19 का
किया हमने टीके का आविष्कार
और किया मानव जीवन सुरक्षित
भविष्य को करता सुरक्षित हम भारतवंशी के कदम।
चले मिला कदम-ताल
संग विज्ञान और प्रौद्योगिकी के बढ़ते कदम ।

पहुचा चंद्रयान सफल गगन मे हमारा
हुआ शिव-शक्ति पॉइंट का निर्माण।
सूर्य का अन्वेषन करने निकल पड़ा
हमारा अगला यान ,
भविष्य की ओर गतीयमान हम भारतवंशी के कदम
संग विज्ञान और प्रौद्योगिकी के बढ़ते कदम।

www.ingramcontent.com/pod-product-compliance
Lightning Source LLC
Chambersburg PA
CBHW070647240926
51846CB00003BA/817
9789371568340